Impressum
Verlag: BABADADA GmbH, Nedderfeld 112 , 22529 Hamburg
Geschäftsführer / Verlagsleitung: Harald Hof
Druck: Books on Demand GmbH, In de Tarpen 42, 22848 Norderstedt

Imprint
Publisher: BABADADA GmbH, Nedderfeld 112 , 22529 Hamburg, Germany
Managing Director / Publishing direction: Harald Hof
Print: Books on Demand GmbH, In de Tarpen 42, 22848 Norderstedt, Germany

škola

ትምህርት ቤት

dijeliti
ማካፈል
186/2
učionica
መማሪያ ክፍል
ploča
ሰሌዳ
školsko dvorište
የትምህርት ቤት ቅጥር ግቢ
učitelj
መምህር
papir
ወረቀት
pisati
መፃፍ
kemijska olovka
እስክሪብቶ
pisaći stol
መፃፊያ ጠረጴዛ
ravnalo
ማስመሪያ
knjiga
መጽሐፍ
učenik
ተማሪ

torba

የጀርባ ቦርሳ

pernica

የእርሳስ መያዣ

grafitna olovka

እርሳስ

šiljilo za olovke

የእርሳስ መቅረጫ

gumica za brisanje

ላጲስ

blok za crtanje

የስዕል ደብተር

crtež

ስዕል

kist

የቀለም ብሩሽ

kutija s bojama

የቀለም ሳጥን

makaze

መቀስ

ljepilo

ማጣበቂያ

bilježnica

መልመጃ ደብተር

domaći zadatak

የቤት ስራ

broj

ቁጥር

sabirati

መደመር

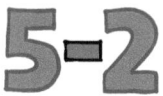

oduzimati

መቀነስ

množiti

ማባዛት

računati

ቁጥሮችን ማስላት

A

slovo

ደብዳቤ

abeceda

ፊደላት

riječ

ቃል

tekst

ፅሑፍ

čitati

ማንበብ

kreda

ጠመኔ

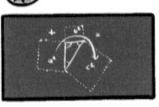

sat

ትምህርት

dnevnik

ምዝገባ

ispit

ፈተና

svjedodžba

ሰርተፊኬት

školska uniforma

የትምህርት ቤት የደንብ ልብስ

obrazovanje

ትምህርት

leksikon

አዉደ ጥበብ

sveučilište

ዩኒቨርስቲ

mikroskop

የምርምር አጉሊ መሳርያ

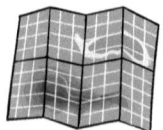

karta

ካርታ

košara za papir

የቆሻሻ ወረቀት መጣያ ቅርጫት

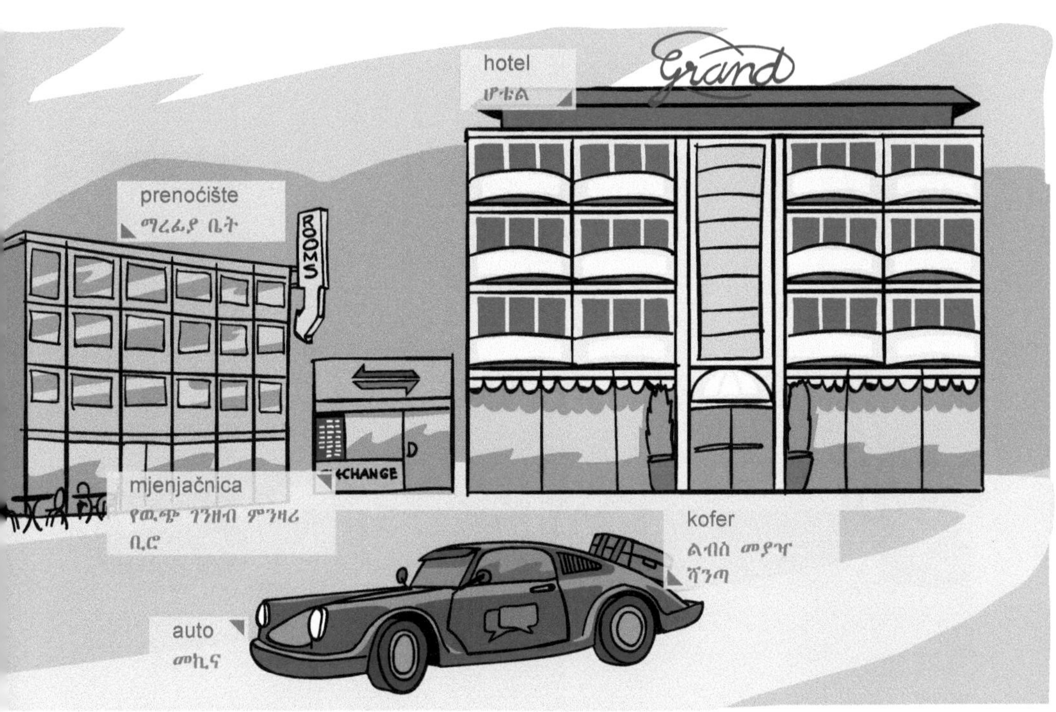

hotel
ሆቴል

prenoćište
ማረፊያ ቤት

mjenjačnica
የዉጭ ገንዘብ ምንዛሪ
ቢሮ

kofer
ልብስ መያዣ
ሻንጣ

auto
መኪና

jezik

ቋንቋ

da / ne

አዎ/ አይደለም

okay

እሺ

zdravo

ሰላም

prevoditelj

አስተርጓሚ

hvala

አመሰግናለሁ

Koliko košta...?

ስንት ነዉ.......?

ne razumijem

አልገባኝም

problem

እክል

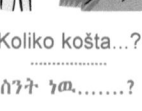

dobro veče!

እንደምን አመሹ!

Dobro jutro!

እንደምን አደሩ!

Laku noć!

መልካም ምሽት!

doviđenja

ደህና ይሰንብቱ

smjer

አ ጣጫ

prtljaga

ሻንጣ

torba

ቦርሳ

ruksak

የጀርባ ቦርሳ

gost

እንግዳ

soba

ክፍል

vreća za spavanje

የመተኛ ቦርሳ

šator

ድንኳን

turističke informacije

የጎብኚዎች መረጃ

plaža

የባህር ዳርቻ

kreditna kartica

ክሬዲት ካርድ

doručak

ቁርስ

ručak

ምሳ

večera

እራት

karta za vožnju

ቲኬት

dizalo

አሳንሰር

poštanska markica

ማህተም

granica

ድንበር

carina

ባህሎች

ambasada

ኤምባሲ

viza

ቪዛ/የይለፍ ወረቀት

putovnica

ፓስፖርት

transport

መጓጓዣ

zrakoplov
አዉሮፕላን
brod
መርከብ
vatrogasno vozilo
የእሳት አደጋ መኪና
autobus
አዉቶብስ
teretno vozilo
የጭነት መኪና
motorni čamac
የሞተር ጀልባ
biciklo
ብስክሌት
auto
መኪና

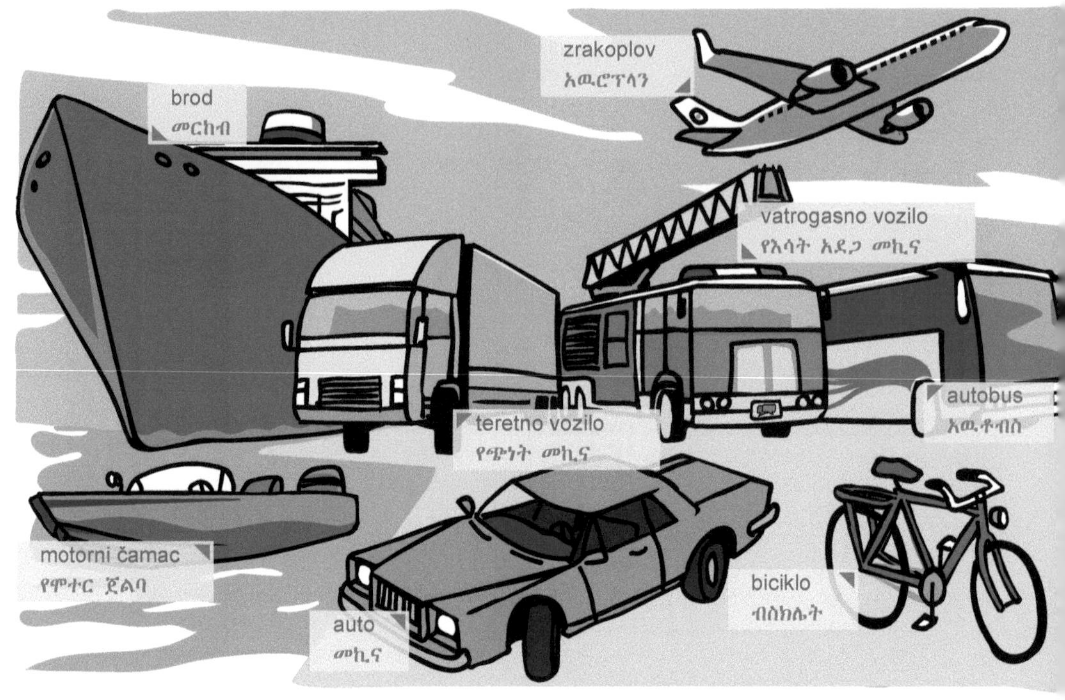

trajekt

የማመላለሻ ጀልባ

čamac

ጀልባ

motocikl

የሞተር ብስክሌት

policijski auto

የፖሊስ መኪና

trkaći auto

የዉድድር መኪና

iznajmljeno auto

የኪራይ መኪና

dijeljenje automobila

መኪና መጋራት

vučno vozilo

ጎታች መኪና

vozilo za odvoz smeća

ቆሻሻ ጭነት መኪና

motor

ሞተር

benzin

ነዳጅ

benzinska postaja

ቤንዚን ማደያ

prometni znak

መንገድ ምልክት

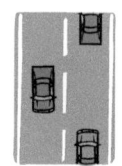

promet

መኪኖች እንቅስቃሴ

zastoj

መኪና መጨናነቅ

parkiralište

መኪና ማቆ ያ

kolodvor

ባቡር ጣቢያ

šine

ባቡር ሀዲዶች

vlak

ባቡር

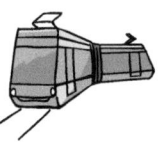

tramvaj

ኤሌክትሪክ ባቡር

vagon

ሰረገላ

helikopter

ሄሊኮፕተር

zrakoplovna luka

አየር ማረፊያ

toranj

ማማ

putnik

መንገደኛ

kontejner

ማስቀመጫ፤ ማጠራቀሚያ

karton

ካርቶን እቃ ማሸጊያ

kolica

ጋሪ፤ ተሳቢ

košara

ቅርጫት

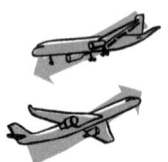

uzletjeti / sletjeti

መነሳት/ ማረፍ

grad

ከተማ

selo

መንደር

centar grada

የከተማ ማዕከል

kuća

ቤት

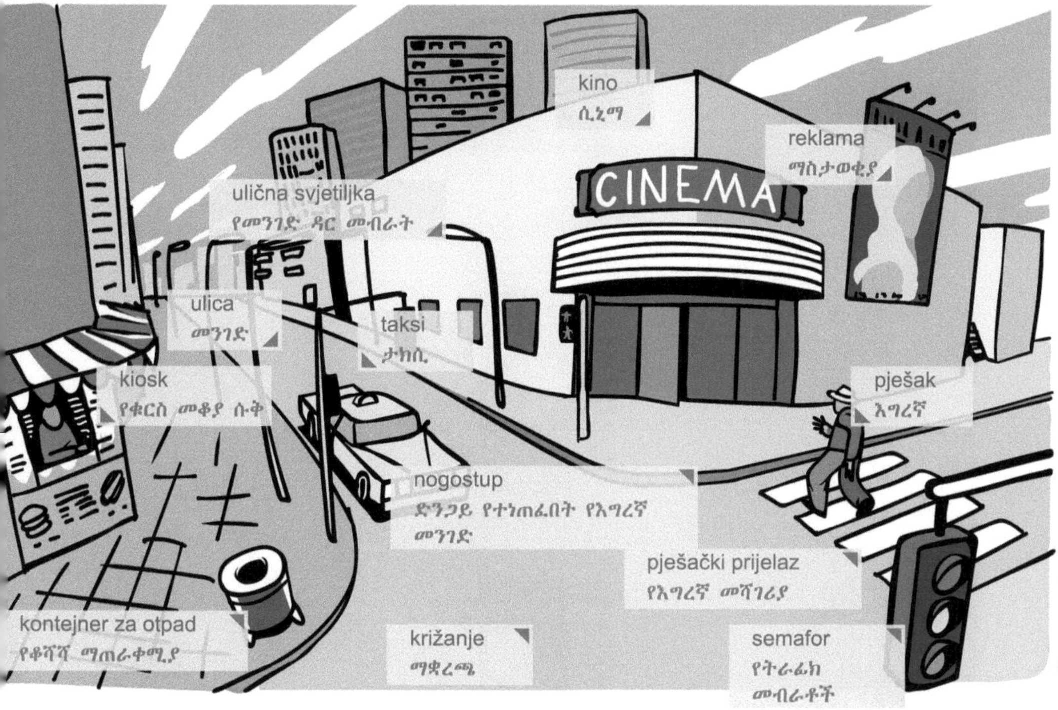

kino
ሲኒማ
reklama
ማስታወቂያ
ulična svjetiljka
የመንገድ ዳር መብራት
ulica
መንገድ
taksi
ታክሲ
kiosk
የቁርስ መቆያ ሱቅ
pješak
እግረኛ
nogostup
ድንጋይ የተነጠፈበት የእግረኛ መንገድ
pješački prijelaz
የእግረኛ መሻገሪያ
kontejner za otpad
የቆሻሻ ማጠራቀሚያ
križanje
ማቋረጫ
semafor
የትራፊክ መብራቶች

koliba

ጎጆ

stan

አፓርታማ

kolodvor

የባቡር ጣቢያ

vijećnica

የከተማ አዳራሽ

muzej

ቤተ መዘክር

škola

ትምህርት ቤት

sveučilište

ዩኒቨርስቲ

banka

ባንክ

bolnica

ሆስፒታል

hotel

ሆቴል

ljekarna

መድሐኒት ቤት

ured

ቢሮ

knjižara

መፅሐፍ መሸጫ

prodavaonica

ሱቅ

cvjećara

የአበባ መሸጫ

supermarket

የሸቀጣ ሸቀጥ መደብር

trg

ገበያ ስፍራ

robna kuća

መደብር

ribarnica

የዓሳ ነጋዴ

trgovački centar

የገበያ ማዕከል

luka

ወደብ

park

መናፈሻ ቦታ

klupa

አግዳሚ ወንበር

most

ድልድይ

stepenice

ደረጃዎች

podzemna željeznica

ዉስጥ ለዉስጥ

tunel

ዋሻ

autobusna stanica

የአዉቶቡስ ፌርማታ

bar

ባር

restoran

ምግብ ቤት

poštansko sanduče

የፖስታ ሳጥን

ulični znak

የመንገድ ምልክት

parkirni sat

የመኪና ማቆሚያ ሒሳብ የሚያሰላ
ማሽን

zoološki vrt

የደር እንስሳት ማቆያ

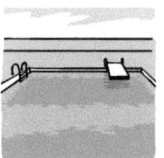

bazen

የመዋኛ ገንዳ

džamija

መስጊድ

seosko gazdinstvo

እርሻ

zagađenje okoliša

የሚበክል ነገር

groblje

መቃብር ስፍራ

crkva

ቤተ ክርስቲያን

igralište

መጫወቻ ሜዳ

hram

ቤተ መቅደስ

krajolik

መልከዓምድር

list
ቅጠል

putokaz
የመንገድ ላይ
ምልከት

put
መንገድ

livada
አረንጓዴ መስክ

kamen
ድንጋይ

šetač
በእግሩ የሚጓዝ

drvo
ዛፍ

rijeka
ወንዝ

trava
ሳር

cvijet
አበባ

dolina

ሸለቆ

planina

ኮረብታ

jezero

ሀይቅ

šuma

ጫካ

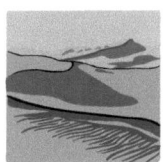

pustinja

በረሃ

vulkan

እሳተ ገሞራ

dvorac

ግምብ

duga

ቀስተ ዳመና

gljiva

እንጉዳይ

palma

የቴምብር ዛፍ/ ዘንባባ

moskito

ቢንቢ/ የወባ ትንኝ

muha

በራሪ

mrav

ጉንዳን

pčela

ንብ

pauk

ሸረሪት

buba

ጢንዚዛ

žaba

እንቁራሪት

vjeverica

ሽኮኮ

jež

ጃርት

zec

ጥንቸል

sova

ጉጉት ወፍ

ptica

ወፍ

labud

የዉሃ ዳክዬ

divlja svinja

ከርከሮ

jelen

አጋዘን

los

አጋዘን

nasip

ግድብ

vjetrenjača

በነፋስ የሚሽከረከር

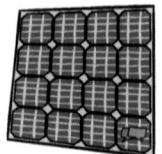

solarna ploča

የፀሀይ ፓኔሎ

klima

አየር ንብረት

konobar
አስተናጋጅ

jelovnik
ማዉጫ

stolica
ወንበር

supa
ሾርባ

pica
ፒዛ

pribor za jelo
መክተፊያ

stolnjak
የጠረጴዛ ጨርቅ

predjelo

የምግብ ፍላጎትን የሚከፍት
ምግብ

glavno jelo

ዋና ምግብ

desert

ማጣጣሚያ ተከታይ ምግብ

napitci

መጠጦች

jelo

ምግብ

boca

ጠርሙስ

fastfood

ፈጣን ምግብ

imbis hrana

የመንገድ ምግብ

čajnik

የሻይ ማንቆርቆሪያ

doza za šećer

የስኳር እቃ

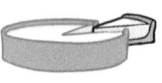

porcija

ድርሻ

aparat za espresso

የቡና ማፊያ ማሽን

visoka stolica

ባለጌ ወንበር

račun

የክፍያ ደረሰኝ

pladanj

ትሪ

nož

ቢላዋ

vilica

ሹካ

žlica

ማንኪያ

čajna žlica

የሻይ ማንኪያ

ubrus

ልብስ ምግብ እንዳይነካ የሚረዳ ጨርቅ

čaša

ብርጭቆ

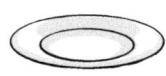

tanjur

ዝርግ ሰሀን

tanjur za supu

የሾርባ ጎድጓዳ ሰሀን

tanjurić

የስኒ ማስቀመጫ

sos

ማጣፈጫ ስጎ

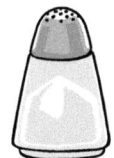

soljenka

የጨው እቃ

mlin za biber

የተፈጨ ቃሪያ

ocat

ኮምጣጤ

ulje

የምግብ ዘይት

začini

ቀመማ ቅመሞች

kečap

የቲማቲም ድልህ

senf

ሰናፍጭ

majoneza

ማዮኒዝ

supermarket

የሸቀጣ ሸቀጥ መደብር

ponuda
ልዩ አቅራቦት
FOR
kupac
ደምበኛ
mliječni proizvodi
የወተት ተዋፅዖ
voće
ፍራፍሬ
kolica za kupnju
ባለ ጎማ የእጅ ጋሪ

mesnica

ሉካንዳ ነጋዴ

pekarnica

መጋገርያ

vagati

ክብደት መመዘን

povrće

ቅጠላ ቅጠል አትክልት

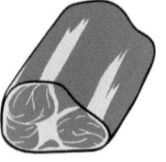

meso

ስጋ

duboko smrznuta hrana

የቀዘቀዘ/የረጋ ምግብ

narezak

ቀዝቃዛ ቁራጭ

konzerve

የታሸገ ምግብ

sredstvo za pranje

የማጠቢያ ዱቄት

slatkiši

ጣፋጮች

artikli za domaćinstvo

የቤት ዉስጥ ዉጤቶች

sredstva za čišćenje

የፅዳት ምርቶች

prodavačica

የሽያጭ ባለሙያ

blagajna

የገንዘብ መመዝቢያ ማሽን

blagajnik

የሒሳብ ሰራተኛ

lista za kupnju

የግዢ ዝርዝር

vrijeme rada

ክፍት ሰዓታት

novčanik

የኪስ ቦርሳ

kreditna kartica

ክሬዲት ካርድ

torba

ቦርሳ

plastična vrećica

የፕላስቲክ ቦርሳ

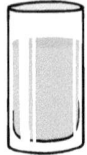

napitci

መጠጦች

voda

ዉሃ

sok

ጭማቂ

mlijeko

ወተት

cola

ኮካ-ኮላ

vino

ወይን

pivo

ቢራ

alkohol

አልኮል

kakao

ኮካ

čaj

ሻይ

kava

ቡና

espresso

የተፈላ ቡና

cappuccino

ካፑቺኖ

jelo

ምግብ

banana

ሙዝ

jabuka

ፖም

naranča

ብርቱካን

lubenica

ሀብሀብ

limun

ሎሚ

mrkva

ካሮት

češnjak

ነጭ ሽንኩርት

bambus

ሸምበቆ

luk

ቀይ ሽንኩርት

gljiva

እንጉዳይ

orašasti plodovi

ለዉዝ

rezanci

የህፃናት ምግብ

špagete

ፓስታ

riža

ሩዝ

salata

ሰላጣ

pomfrit

የድንች ጥብስ

pečeni krumpir

ድንች ጥብስ

pica

ፒዛ

hamburger

ዳቦ ዉስጥ በስሱ ተጠብሶ የገባ ስጋ

sendvič

ሳንድዊች

šnicla

ጥሬ ስጋ

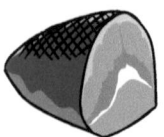

pršut

የአሳማ ስጋ

salama

በቅመምና በጨዉ የታሸ ምግብ ቀዝቅዞ የሚበላ ሾርባ ምግብ

kobasica

ቋሊማ

kokoš

ዶሮ

pečenje

ጥብስ

riba

አሳ

zobene pahuljice

የአጃ ገንፎ

musli

ከወተት ጋር ተደባልቀዉ የሚበሉ ምግቦች

kukuruzne pahuljice

የበቆሎ ቅርፊት

brašno

ዱቄት

roščić

ኩራሳ

pecivo

ድብልብል ዳቦ

kruh

ዳቦ

toast

መጥበስ

keksi

ብስኩት

maslac

ቅቤ

svježi sir

እርጎ

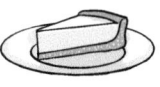

kolač

ኬክ

jaje

እንቁላል

jaje na oko

እንቁላል ጥብስ

sir

አይብ

sladoled

የበረዶ ክሬም

šećer

ስኳር

med

ማር

marmelada

ማርማላት

nugat krema

የተናጠ የወተት ክሬም

curry

ማጣፈጫ

እርሻ

seoska kuća
የገበሬ ቤት
sjenik
የእህልና የከብት ማቀመጫ ቤት
bale sijena
polje
ሜዳ
konj
ፈረስ
prikolica
ተሳቢ መኪና
traktor
የእርሻ መኪና
ždrijebe
የፈረስ ውርንጭላ
magarac
አህያ
ovca
በግ
lane
የበግ ጠቦት

koza

ፍየል

krava

ላም

tele

ጥጃ

svinja

አሳማ

prase

ግልገል አሳማ

bik

ኮርማ

guska

ዝይ

patka

ዳክዬ

pilići

የዶሮ ጫጩት

kokoš

ዶሮ

pijetao

አውራ ዶሮ

pacov

አይጥ

mačka

ደድመት

miš

አይጥ

vol

በሬ

pas

ውሻ

kućica za psa

የውሻ ቤት

vrtno crijevo

የአትክልት ቦታ

kanta za polijevanje

ውሃ ማጠጫ ባልዲ

kosa

ረጅም ማጭድ

plug

ማረሻ

srp

ማጭድ

motika

መኮትኮቻ

vilica za gnojivo

የእህል መንሽ

sjekira

መጥረቢያ

tačke

ኩርኩር/ የእጅ ጋሪ

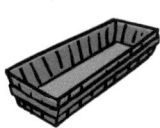

korito

ገንዳ

posuda za mlijeko

የወተት ዕቃ

vreća

ጆንያ ከረጢት

ograda

አጥር

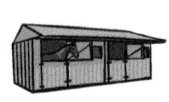

štala

የፈረስ ጋጣ

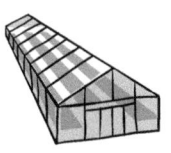

staklenik

ዕፅዋት ማሳደጊያ የመስታዉት ቤት

zemlja

አፈር

sjeme

ዘር

gnojivo

የመሬት ማዳበሪያ

kombajn

ጥምር ማረሻ

žanjati

አዝመራ መሰብሰብ

žetva

አዝመራ

yams začin

ድንች

pšenica

ስንዴ

soja

ሶያ

krumpir

ድንች

kukuruz

በቆሎ

uljana repica

የከብት መኖ

voćka

የፍሬ ዛፍ

gomolj manioke

የካሳቫ ዛፍ

žitarice

እህል

kuća
ቤት

dimnjak
የጪስ ማውጫ
krov
žlijeb
አሸንዳ
prozor
መስኮት
garaža
ጋራዥ
zvono
የበር ደወል
vrata
በር
korpa za otpad
የቆሻሻ ማጠራቀሚያ
poštansko sanduče
ፖስታ ሳጥን
vrt
የአትክልት ቦታ

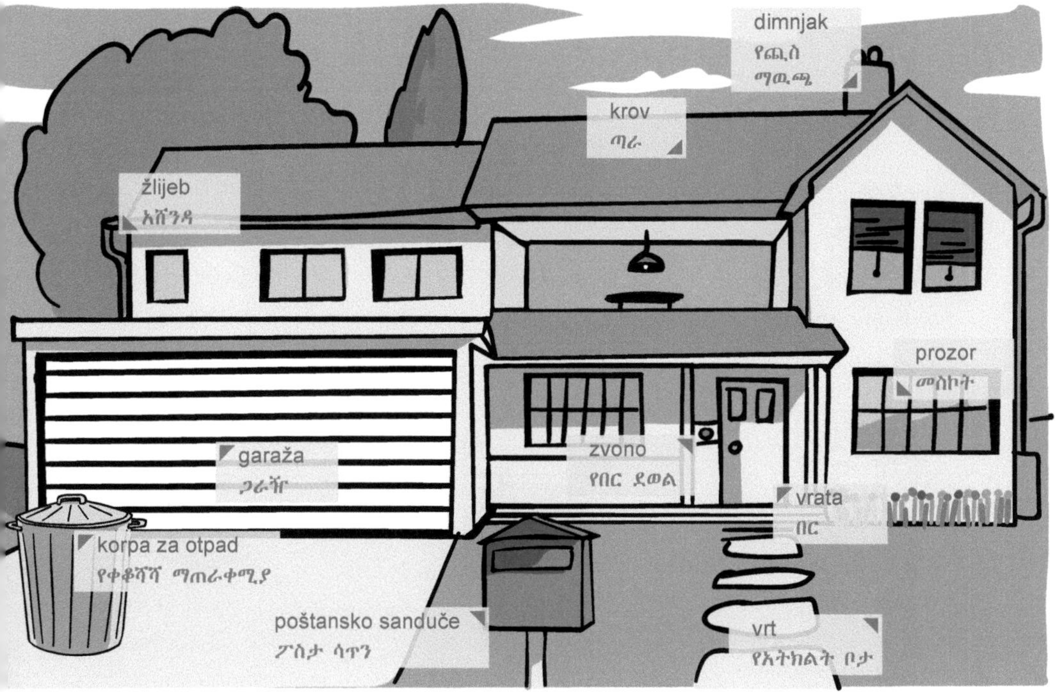

dnevna soba

ሳሎን

kupaonica

መታጠቢያ ቤት

kuhinja

ማድቤት

spavaća soba

መኝታ ቤት

dječija soba

የልጅ ክፍል

trpezarija

መመገቢያ ክፍል

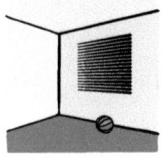

pod

ወለል

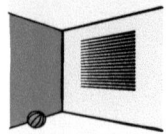

zid

ግድግዳ

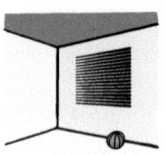

strop

ጣሪያ

podrum

ምድር ቤት

sauna

በእንፋሎት ሙቀት መታጠቢያ ቤት

balkon

ሰገነት

terasa

ከፍ ያለ መደብ

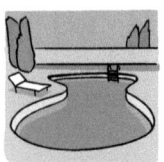

bazen

የመዋኛ ገንዳ

kosilica za travu

የማጨጃ መኪና

posteljina za krevet

አንሶላ

deka za krevet

የአልጋ ልብስ

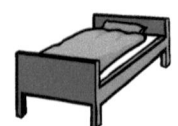

krevet

አልጋ

metla

መጥረጊያ

kanta

ባልዲ

sklopka

ማብሪያና ማጥፊያ

dnevna soba

ሳሎን

tapeta
የግድግዳ ወረቀት
slika
ፎቶ
svjetiljka
መብራት
regal
መደርደሪያ
ormar
ቁም ሳጥን፣ ካቢኔ
televizija
kamin
የእሳት መሞቂያ
cvijet
አበባ
jastuk
ትራስ
kauč
ሶፋ
vaza
የአበባ ማስቀመጫ
daljinski upravljač
ሪሞት ኮንትሮል

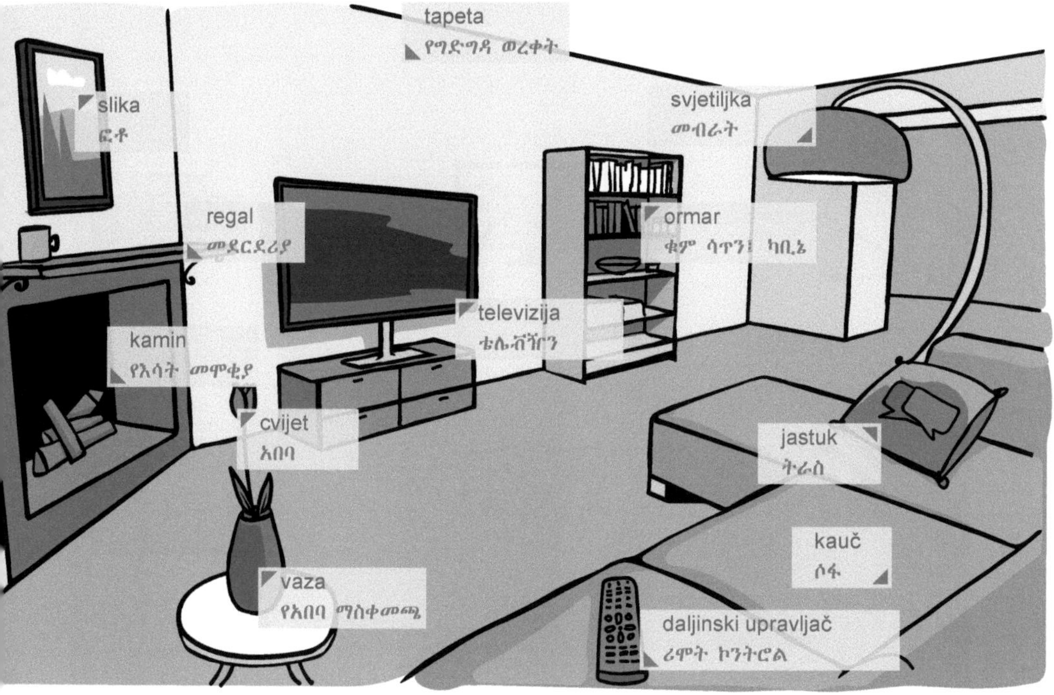

tepih

ንጣፍ

zavjesa

መጋረጃ

stol

ጠረጴዛ

stolica

ወንበር

stolica za njihanje

ተወዛዋዥ ወንበር

fotelja

ባለመደገፊያ ወንበር

knjiga

መጽሐፍ

deka

ብርድ ልብስ

dekoracija

ጌጥ

drvo za ogrjev

ማገዶ

film

ፊልም

stereo uređaj

የሙዚቃ መማጫወቻ

ključ

ቁልፍ

novine

ጋዜጣ

slika na platnu

ስዕል

poster

የተለጠፈ ማስታወቂያ እንደ ስዕል

radio

ራዲዮ

blok za pisanje

ማስታወሻ ደብተር

usisavač

የአየር ማፅጃ ለምንጣፍ

kaktus

ቁልቋል

svijeća

ሻማ

kuhinja
ማድቤት

hladnjak
ማቀዝቀዣ
mikrovalna pećnica
ማይክሮዌቭ ምግብ ማብሰያ
kuhinjska vaga
የኩሽና መመዘኛ ሚዛን
toaster
ዳቦ መጥበሻ
sredstvo za čišćenje
ንፁህ ማድረጊያ
pećnica
ምድጃ
pretinac za zamrzavanje
ማቀዝቀዣ
korpa za otpad
የቆሻሻ ማጠራቀሚያ
perilica za suđe
እቃ ማጠቢያ

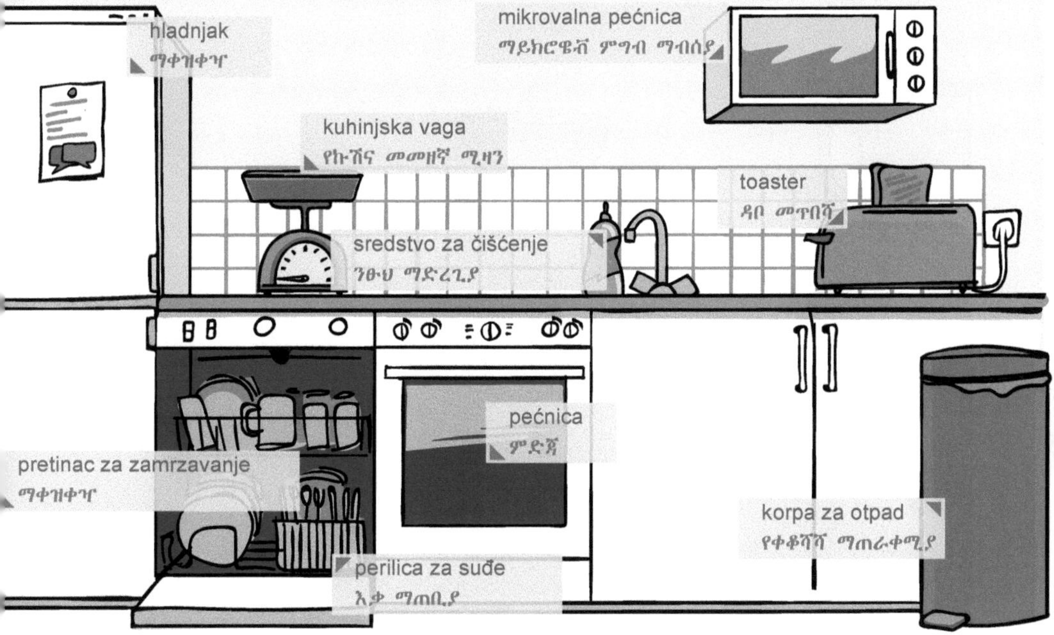

štednjak

ምግብ አብሳይ

lonac

ማሰሮ

željezni lonac

የብረት ማሰሮ

wok / kadai

ምግብ ማብሰያ ዝርግ ድስት

tava

የምግብ መጥበሻ

kuhalo za vodu

ማንቆርቆሪያ

kuhalo na paru

የእንፋሎት ማብሰያ

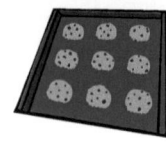

lim za pečenje

የመጋገሪያ ትሪ

posuđe

ሰብስቦች

čaša

ትልቅ ኩባያ

zdjela

ጎድጓዳ ሳህን

štapići za jelo

ቾፕስቲክስ

kutljača

ጭልፋ

lopatica

መሰቅሰቂያ ዝርግ ማንኪያ

pjenjača

ማደባለቂያ

sito za kuhanje

መወጠሪያ

sito

ወንፊት

ribež

መፈርፈሪያ መሳሪያ

mužar

ሲሚንቶ

roštilj

የፍም ጥብስ

ognjište

የተለቀቀ እሳት

daska

....

መክተፊያ

oklagija

....

ተንሸራታች መርፌ

vadičep

....

የጠርሙስ መክፈቻ

konzerva

....

ጣሳ

otvarač konzervi

....

የጣሳ መክፈቻ

krpa za lonac

....

የማሰሮ መሸፈኛ

sudoper

....

ሳህን ማጠቢያ

četka

....

ብሩሽ

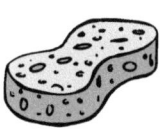

spužva

....

ስፖንጅ

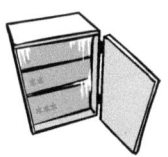

mikser

....

መደባለቂያ መሳሪያ

zamrzivač

....

በጣም ማቀዝቀዣ

bočica za bebe

....

ጡጦ

slavina za vodu

....

ቧንቧ

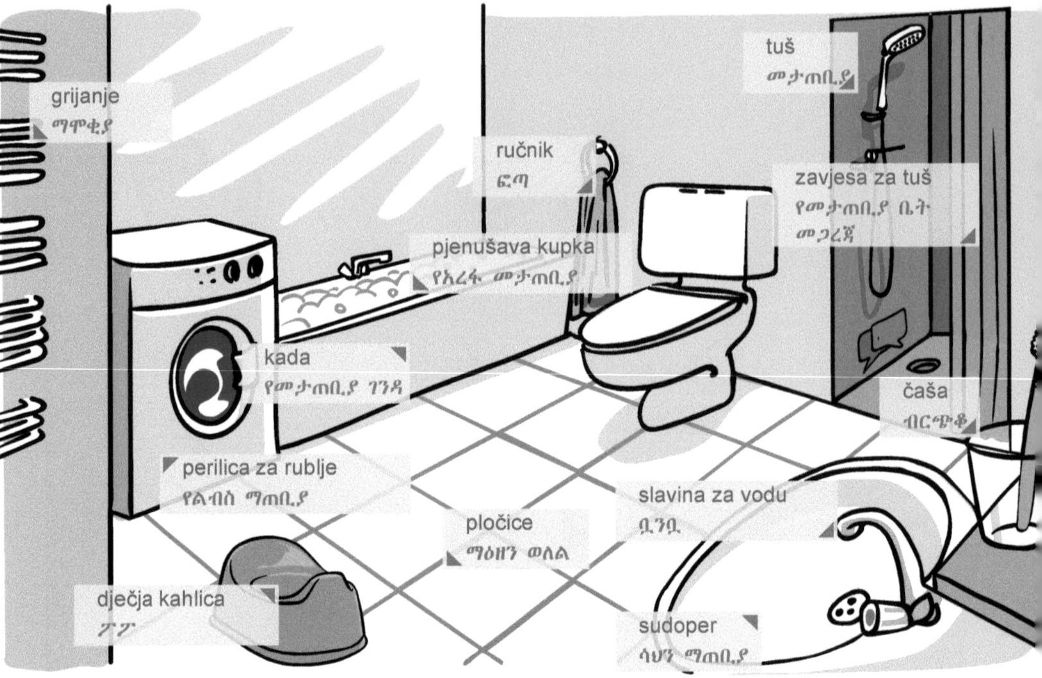

kupaonica

መታጠቢያ ቤት

tuš
መታጠቢያ
ručnik
ፎጣ
zavjesa za tuš
የመታጠቢያ ቤት መጋረጃ
pjenušava kupka
የአረፋ መታጠቢያ
kada
የመታጠቢያ ገንዳ
čaša
ብርጭቆ
perilica za rublje
የልብስ ማጠቢያ
slavina za vodu
ቧንቧ
pločice
ማዕዘን ወለል
dječja kahlica
ፖፖ
sudoper
ሳህን ማጠቢያ

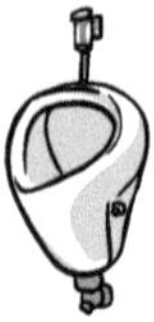

toalet

ሽንት ቤት

čučavac

የሽንት ቤት መቀመጫ

bidet

ሳፋ

pisoar

የመንገድ ዳር መሽኛ

papir za toalet

የሽንት ቤት ወረቀት

četka za toalet

የሽንት ቤት ማፅጃ ብሩሽ

četkica za zube

የጥርስ ብሩሽ

pasta za zube

የጥርስ ሳሙና

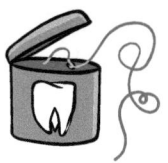

konac za zube

የጥርስ ማፅጃ ክር

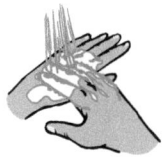

prati

መታጠብ

tuš ručica

የእጅ መታጠቢያ

tuš za pranje intimnih dijelova

መታጠቢያ

lavor

ጎድጓዳ ሳህን

četka za pranje leđa

የጀርባ ብሩሽ

sapun

ሳሙና

gel za tuširanje

መታጠቢያ የሚዝለገለግ ሳሙና

šampon

የፀጉር መታጠቢያ ሳሙና

krpa za pranje

ለስላሳ ጨርቅ

odvod

ፍሳሽ

krema

ክሬም

dezodorans

ጠረን መቀየሪያ ንጥረ ነገር

ogledalo

መስታወት

kozmetičko ogledalo

የእጅ መስታወት

brijač

ምላጭ

pjena za brijanje

የመላጫ አረፋ

losion za poslije brijanja

ከመላጨት በኋላ የሚቀባ ሽቱ

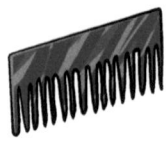

češalj

ማበጠሪያ

četka

ብሩሽ

sušilo za kosu

የፀጉር ማድረቂያ

sprej za kosu

በፀጉር ላይ የሚነፋ

makeup

የፊት መቀባቢያ

ruž za usne

የከንፈር ቀለም

lak za nokte

የጥፍር ቀለም

vata

የጥጥ ሱፍ

škare za nokte

ጥፍር መቁረጫ

parfem

ሽቶ

neseser

ማጠቢያ ባልዲ

stolica

መቀመጫ

vaga

ሚዛን

ogrtač

የመታጠቢያ ልብስ

rukavice za čišćenje

የላስቲክ ጓንት

tampon

ሞዴስ

uložak

የፅዳት ፎጣ

kemijski toalet

የሽንት ቤት ኬሚካል

djećija soba

የልጅ ክፍል

budilnik
የማንቂያ ደዉል ሰዐት
plišana igračka
የህፃን አሻንጉሊት
auto igračka
የመጫወቻ መኪና
zvečka
መጫወቻ
kućica za lutke
የአሻንጉሊት ቤት
poklon
ስጦታ

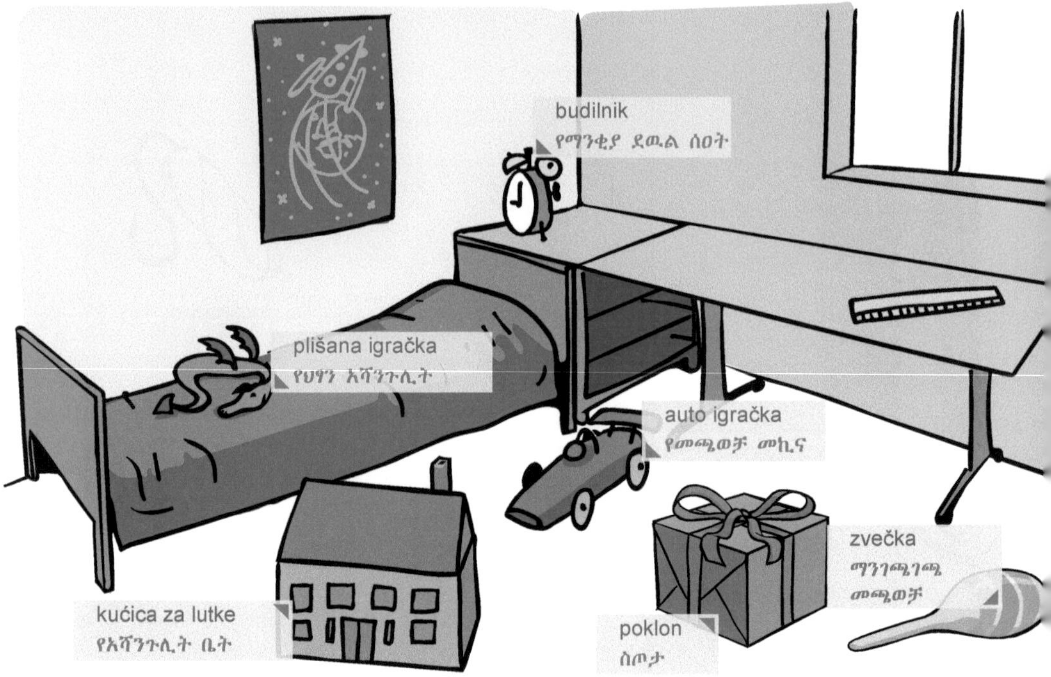

balon

ፊኛ

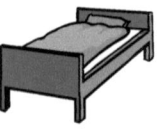

krevet

አልጋ

dječija kolica

የህፃን ማንሸራሸሪያ ጋሪ

igra s kartama

የካርታ መጫወቻ

slagalica

ቁርጥራጭ ምስሎችን የማገጣጠም
እና ምስል የማግኘት ጨዋታ

strip

አዝናኝ

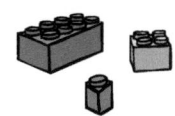

lego kockice

ተገጣጣሚ መጫወቻ

kockice za slaganje

የመጫወቻ መገጣጠሚያዎች

akcioni junak

የድርጊት ምስል

kombinezon za bebe

የህፃን እድገት

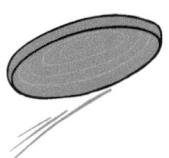

frizbi

የፕላስቲክ መጫወቻ ዝርግ ሰሀን

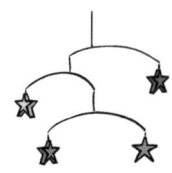

viseće igračke

ተወዛዋዥ የህፃን ማጫወቻ

društvene igre

የሰሌዳ ጨዋታ

kocka

የመጫወቻ ጠጠር

minijaturna željeznica

የመጫወቻ ባቡር

duda

የእንጀራ እናት ጡጦ

tulum

ድግስ

slikovnica

የስዕል መፅሀፍ

lopta

ኳስ

lutka

አሻንጉሊት

igrati

መጫወት

pješčanik

የአሸዋ መጫወቻ

ljuljačka

ዥዋዥዌ

igračka

መጫወቻዎች

konzola za igre

የቪዲዮ መጫወቻ

tricikl

ባለ ሶስት ጎማ ብስክሌት

plišani medo

የአሻንጉሊት ድብ

ormar

ቁምሳጥን

odjeća

አልባሳት

kratke čarape

ካልሲዎች

čarape

ስቶኪንጎች

hulahopke

ታይት

šal
የአንገት ልብስ

kaiš
ቀበቶ

kišobran
ጥንጥላ

t-shirt
ከናቴራ

čizme
ቦቲ

papuče
የቤት ዉስጥ ነጠላ
ጫማ

patike
ስኒከሮች

sandale

ነጠላ ጫማዎች

cipele

ጫማዎች

gumene čizme

የዝናብ ቡትስ

gaćice

ሙታንታ

grudnjak

ጡት መያዣ

potkošulja

ሰደርያ

bodi

ሰዉነት

hlače

ሱሪዎች

džins

ጅንስ

haljina

ጉርድ ቀሚስ

bluza

ሸሚዝ

košulja

ሸሚዝ

džemper

የሚጠለቅ ሹራብ

pulover s kapuljačom

ሹራብ

blejzer

ዩኒፎርም ጃኬት

jakna

ጃኬት

kaput

ኮት

kabanica

የዝናብ ኮት

kostim

ልብስ

haljina

ቀሚስ

vjenčanica

የሙሽራ ቀሚስ

odijelo

ሱፍ

spavaćica

የለሊት ልብስ

pidžama

የለሊት ልብስ

sari

ረጅም ቀሚስ

rubac

ሂጃብ

turban

ጥምጣም

burka

ቡርቃ

kaftan

ሽርጥ

abaja

አባያ

kupaći kostim

የዋና ልብስ

kupaće gaćice

አጭር ቁምጣ

kratke hlače

ቁምጣዎች

odjeća za trening

የስራ ቱታ

pregača

ሽርጥ

rukavice

ጓንት

gumb

ቁልፍ

naočale

መነፅር

narukvica

አምባር

ogrlica

የአንገት ሀብል

prsten

ለበት

naušnica

የጆሮ ጌጥ

kapa

ኮፍያ

vješalica

የኮት መስ ያ

šešir

ኮፍያ

kravata

ከረቫት

patent zatvarač

ዚፕ

kaciga

የብረት ቆብ

naramenice

መደገፊያ

školska uniforma

የትምህርት ቤት የደንብ ልብስ

uniforma

የደንብ ልብስ

podbradak

መሃረብ

duda

የእንጀራ እናት ጡጦ

pelena

ሽንት ጨርቅ

ured

ቢሮ

server
ማሰራጫ ጣቢያ
ormar za spise
የፋይል መደርደሪያ ካቢኔ
papir
ወረቀት
pisač
የህትመት መሳሪያ
monitor
መቆጣጠሪያ
pisaći stol
መፃፊያ ጠረጴዛ
miš
ማዉዝ
mapa
ማህደር
tipkovnica
የመፃፊ ቁልፎች
košara za papir
የቆሻሻ ወረቀት መጣያ ቅርጫት
računar
ኮምፒዉተር
stolica
ወንበር

šalica za kavu

የቡና መጠጫ ትልቅ ኩባያ

kalkulator

ማስልያ ማሽን

internet

ኢንተርኔት

laptop

ላፕቶፕ

pismo

ደብዳቤ

poruka

መልዕክት

mobilni telefon

ተንቀሳቃሽ ስልክ

mreža

የግንኙነት አዉታር

uređaj za kopiranje

ማባዣ ማሽን

softver

ሶፍትዌር

telefon

ስልክ

utičnica

የግድግዳ ሶኬት

faks

የፋክስ ማሽን

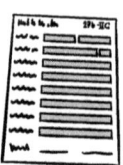

obrazac

ቅፅ

dokument

ሰነድ

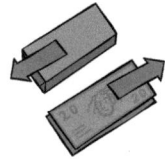

kupovati

መግዛት

platiti

መክፈል

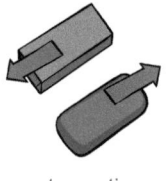

trgovati

መነገድ

novac

ገንዘብ

dolar

ዶላር

euro

ዩሮ

jen

የን

rubalj

ሩብል

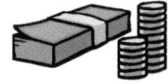

švicarski franak

የስዊዝ ፍራንክ

renmindbi yuan

ሬንሚንቢ ዩዋን

rupija

ሩጲ

automat za novac

የገንዘብ ነጥብ

mjenjačnica

የዉጭ ገንዘብ ምንዛሪ ቢሮ

zlato

ወርቅ

srebro

ብር

nafta

ዘይት

energija

ሀይል፤ ጉልበት

cijena

ዋጋ

ugovor

ግንኙነት

porez

ቀረጥ

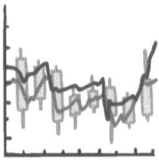

dionica

አክስዮን

raditi

መስራት

službenik

ተቀጣሪ

poslodavac

ቀጣሪ

tvornica

ፋብሪካ

prodavaonica

ሱቅ

zanimanja

የስራ ሙያዎች

policajac
የፖሊስ አዛዥ
vatrogasac
የእሳት አደጋ ሰራተኛ
kuhar
ምግብ አብሳይ
liječnik
ዶክተር
pilot
አብራሪ

vrtlar

አትክልተኛ

stolar

አናጢ

krojačica

ልብስ ሰፊ ሴት

sudija

ዳኛ

kemičar

ቀማሚ

glumac

ተዋናይ

vozač autobusa

የአዉቶቢስ ሹፌር

vozač taksija

የታክሲ ሹፌር

ribar

አሳ አጥማጅ

čistačica

ፅዳት ሰራተኛ

krovopokrivač

የጣራ ሰራተኛ

konobar

አስተናጋጅ

lovac

አዳኝ

slikar

ሰዓሊ

pekar

ጋጋሪ

električar

የኤሌትሪክ ሰራተኛ

građevinski radnik

ገምቢ

inženjer

መሃንዲስ

mesar

ልኳንዳ

limar

የቧንቧ ሰራተኛ

poštar

የፖስታ ሰራተኛ

vojnik

ወታደር

arhitekta

መሃንዲስ

blagajnik

የሒሳብ ሰራተኛ

cvjećar

አበባ ሻጭ

frizer

የፀጉር ሰራተኛ

kondukter

ቲኬት ቆራጭ

mehaničar

መካኒክ

kapetan

ካፒቴን

zubar

የጥርስ ሐኪም

znanstvenik

ተመራማሪ

rabi

መምህር

imam

የሙስሊም ሃይማኖታዊ መሪ

monah

መነኩሴ

svećenik

ካህን

alati

መሳሪያዎች

čekić
መዶሻ
kliješta
ተቆላፊ ጉጠት
odvijač
መፍቻ
ključ za vijke
የመሳሪ መፍቻ
džepna svjetilj
ባትሪ

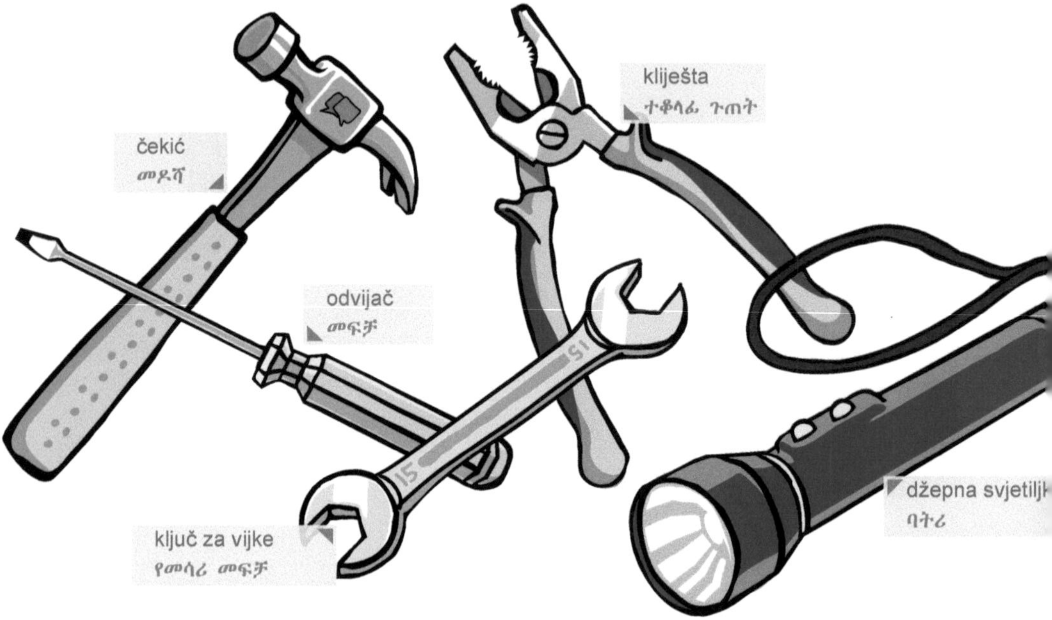

rovokopač

በቁፋሮ የሚዝቅ

kutija za alat

የመፍቻ ሳጥን

ljestve

መሰላል

pila

መጋዝ

ekser

ምስማር

bušilica

መሰርሰሪያ

popraviti

መጠገን

lopata

አካፋ

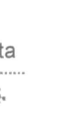

Sranje!

የተረገመ!

lopatica

ቆሻሻ ማፈሻ

lonac za boju

የቀለም ቆርቆሮ

vijci

ብሎን

glazbeni instrument

የሙዚቃ መሳሪያዎች

zvučnik
የድምፅ ማጉያ መሳርያ

bubnjevi
የከበሮ መሳሪያዎች

kontrabas
ድርብ ቤዝ ጊታር

gitara
ክራር መሰል የሙዚቃ መሳሪያ

truba
የትንፋሽ ሙዚቃ መሳሪያ

klavir

ፒያኖ

violina

ቫዮሊን

bas

ወፍራም፤ ጎርናና ድምፅ ያለዉ ክራር መሰል ሙዚቃ መሳሪያ

timpani

ነጋሪት

udaraljke za bubnjeve

ከበሮ

keyboard

በኤሌክትሪክ የሚሰራ ፒኖ

saksofon

የትንፋሽ ሙዚቃ መሳሪያ

flauta

ዋሽንት

mikrofon

የድምፅ ማጉያ

zoološki vrt

የዱር እንስሳት ማቆያ

ulaz
መግቢያ
tigar
ነብር
kavez
ሳጥን
zebra
የሜዳ አህያ
hrana za životinje
የእንስሳ ምግብ
panda
ትልቅ ድብ

životinje

እንስሳቶች

slon

ዝሆን

kengur

ካንጋሮ

nosorog

አዉራሪስ

gorila

ትልቅ ዝንጀሮ

medvjed

ድብ

kamila

ግመል

noj

ሰጎን

lav

አንበሳ

majmun

ጦጣ

flamingo

ቅልጥመ ረዥም ወፍ

papagaj

በቀቀን

polarni medvjed

የወዋልታ ድብ

pingvin

የዋልታ ወፎች

ajkula

ረጅም ጥርሶች ያሉትአሳ ነባሪ

paun

ጣዎስ

zmija

እባብ

krokodil

አዞ

čuvar u zoološkom vrtu

የዱር አራዊት የሚጠበቁበት
ማቆያን የሚጠብቅ

tuljan

አሳ በሊታ የባህር እንስሳ

jaguar

የዱር ድመት

poni

ድንክ ፈረስ

leopard

ነብር

nilski konj

ጉማሬ

žirafa

ቀጭኔ

orao

ንስር

divlja svinja

ከርከሮ

riba

አሳ

kornjača

የባህር ኤሊ.

morž

የባህር አውሬ

lisica

ቀበሮ

gazela

የሜዳ ፍየል ፤ ሚዳቋ

šport

የስፖርት አይነቶች

američki nogomet
የአሜሪካ እግርኳስ
biciklizam
የብስክሌት ስፖርት
tenis
ቴኒስ
košarka
የቅርጫት ኳስ
plivanje
ዋና
boks
የቡጢ ስፖርት
hockey na ledu
የበረዶ ላይ የገና ጨዋታ

nogomet

እግር ኳስ

badminton

የላባ ኳስ ጨዋታ

atletika

አትሌቲክስ

rukomet

የእጅ ኳስ ስፖርት

skijanje

የበረዶ መንሸራተት ስፖርት

polo

ፈረስ ግልቢያ

skočiti
መዝለል

smijati se
መሳቅ

zagrliti
ማቀፍ

ići
መራመድ

pjevati
መዘመር

sanjati
ህልም ማለም

moliti se
መፀለይ

poljubiti
መሳም

pisati
....
መፃፍ

crtati
....
መሳል

pokazati
....
ማሳየት

gurati
....
መግፋት

dati
....
መስጠት

uzeti
....
መዉሰድ

imati

መያዝ

činiti

ማድረግ

biti

መሆን

stojati

መቆም

trčati

መሮጥ

povlačiti

መሳብ

baciti

መወርወር

padati

መዉደቅ

ležati

መዋሸት

čekati

መጠበቅ

nositi

መሸከም

sjediti

መቀመጥ

oblačiti

መልበስ

spavati

መተኛት

probuditi se

መንቃት

gledati

መመልከት

plakati

ማልቀስ

milovati

መጫር

češljati

ማበጠር

govoriti

ማዉራት

razumjeti

መረዳት

pitati

ጥያቄ

slušati

ማዳመጥ

piti

መጠጣት

jesti

መብላት

pospremiti

ማንፃት

voljeti

ማፍቀር

kuhati

ምግብ ማብሰል

voziti

መንዳት

letjeti

መብረር

ploviti

መርከብ መንዳት

računati

ቁጥሮችን ማስላት

čitati

ማንበብ

učiti

መማር

raditi

መስራት

vjenčati se

ማግባት

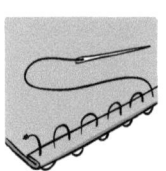

šiti

መስፋት

prati zube

ጥርስ መቦረሽ

ubiti

መግደል

pušiti

ማጨስ

poslati

መላክ

baka
የሴት አያት

djed
የወንድ አያት

otac
አባት

majka
እናት

beba
ህፃን

kćerka
ሴት ልጅ

sin
ወንድ ልጅ

gost

እንግዳ

tetka

አክስት

ujak, stric

አጎት

brat

ወንድም

sestra

እህት

tijelo

አካል

čelo
ግንባር
oko
አይን
lice
ፊት
brada
አገጭ
prst
ጣት
ruka
እጅ
grudi
ጡት
ruka
ክንድ
rame
noga
እግር

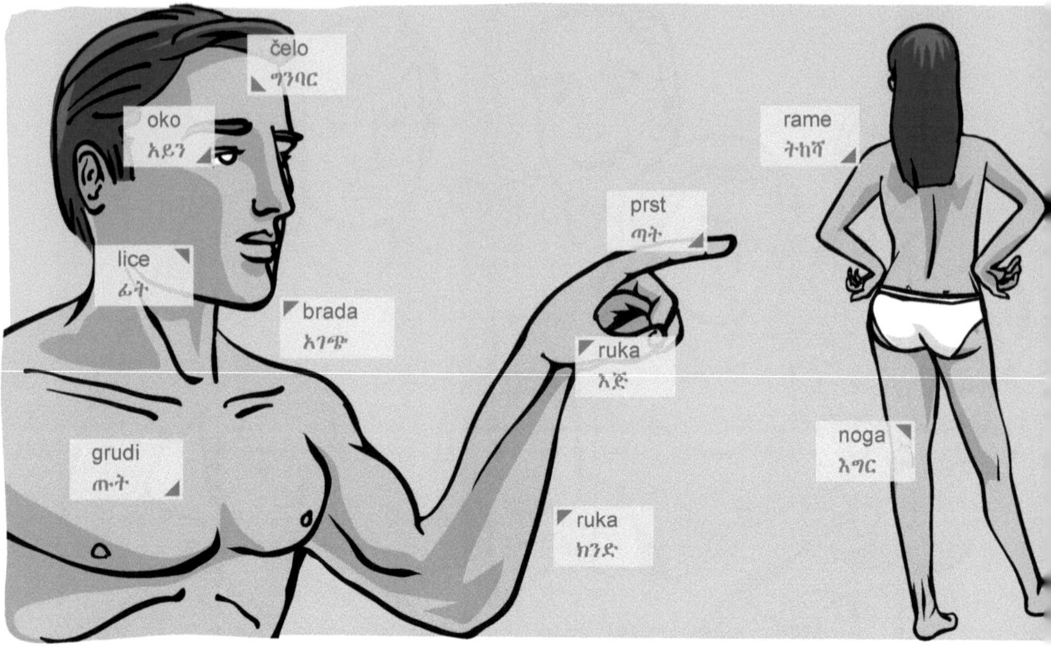

beba

ህፃን

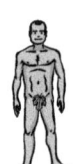

muškarac

ሰዉ

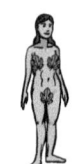

žena

ሴት

djevojčica

ልጃገረድ

dječak

ወንድ ልጅ

glava

ራስ

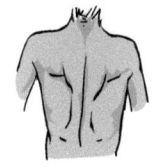

leđa

ጀርባ

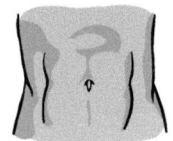

trbuh

ሆድ

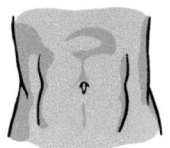

pupak

እምብርት

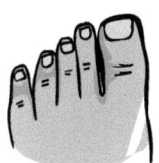

nožni prst

የእግር ጣት

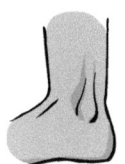

peta

ተረከዝ

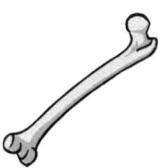

kost

አጥንት

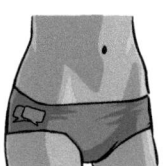

kuk

ዳሌ

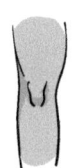

koljeno

ጉልበት

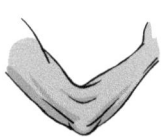

lakat

ክርን

nos

አፍንጫ

stražnjica

ቂጥ

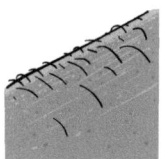

koža

ቆዳ

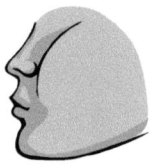

obraz

ጉንጭ

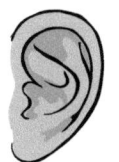

uho

ጆሮ

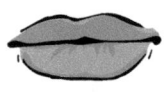

usna

ከንፈር

usta

አፍ

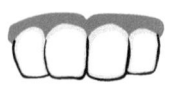

zub

ጥርስ

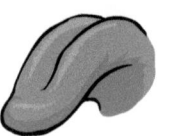

jezik

ምላስ

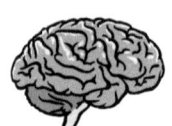

mozak

አንጎል

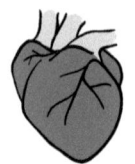

srce

ልብ

mišić

ጡንቻ

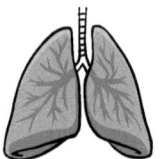

pluća

ሳምባ

jetra

ጉበት

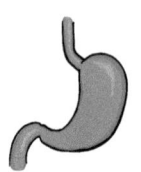

želudac

ሆድ

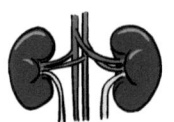

bubrezi

ኩላሊቶች

snošaj

የግብረስጋ ግንኙነት

kondom

ኮንዶም

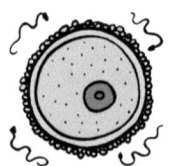

jajna stanica

የሴት እንቁላል

sperma

የዘር ፈሳሽ

trudnoća

እርግዝና

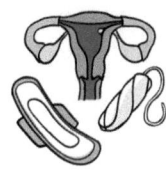

menstruacija

የወር አበባ

vagina

እምስ

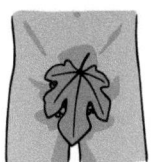

penis

ቁላ

obrva

ቅንድብ

kosa

ፀጉር

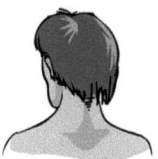

vrat

አንገት

bolnica

ሆስፒታል

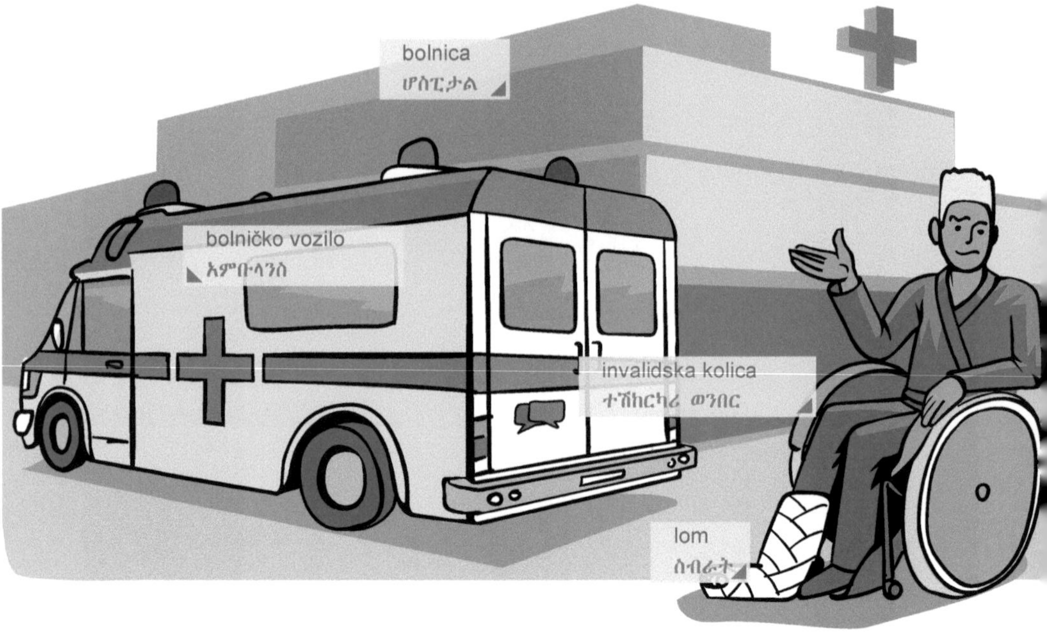

bolnica
ሆስፒታል
bolničko vozilo
አምቡላንስ
invalidska kolica
ተሽከርካሪ ወንበር
lom
ስብራት

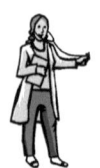

liječnik

ዶክተር

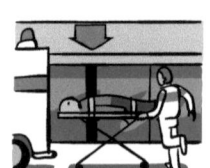

hitna medicinska služba

ድንገተኛ ክፍል

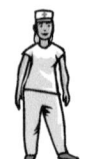

medicinska sestra

ነርስ

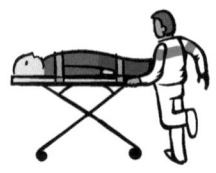

hitni slučaj

ድንገተኛ

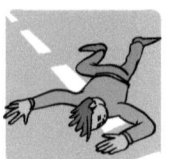

nesvijest

ራስን መሳት/ አለማወቅ

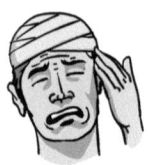

bol

ህመም

ozljeda

ጉዳት

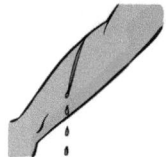

krvarenje

መድማት

srćani infarkt

የልብ ድካም

moždani udar

ስትሮክ

alergija

አለርጂ

kašalj

ሳል

groznica

ትኩሳት

gripa

ኢንፍሉዌንዛ

proljev

ተቅማጥ

glavobolja

የራስ ምታት

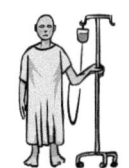

rak

ካንሰር

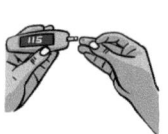

dijabetes

የስኳር በሽታ

kirurg

ቀዶ ጠጋኝ ሐኪም

skalpel

የቀዶ ጥገና ስለት

operacija

ቀዶ ጥገና

ct

ሲቲ

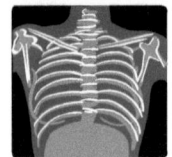

rentgen

ኤክስሬዮ

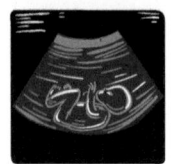

ultrazvuk

አልትራሳዉንድ

maska

የፊት ጭም ብል

bolest

በሽታ

čekaonica

መጠበቂያ ክፍል

štaka

ም ርኩዝ

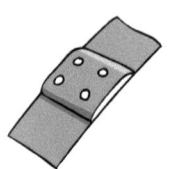

flaster

የቁስል ማሸጊያ

zavoj

ፋሻ

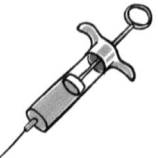

injekcija

መርፌ

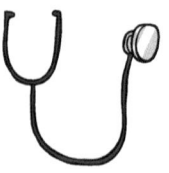

stetoskop

የልብ ም ት ማዳመጫ መሳሪያ

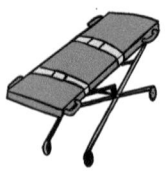

nosilo

የበሽተኛ አልጋ

termometar

የህክም ና ሙቀት መለኪያ መሳሪያ

rođenje

መውለድ

prekomjerna težina

ክልክ ያለፈ ክብደት

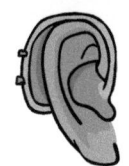

slušni aparat

ለመስማት የሚረዳ መሳሪያ

sredstvo za dezinfekciju

ፀረ ተባይ መድሀኒት

infekcija

ማመርቀዝ

virus

ቫይረስ

hiv / sida

ኤች አይቪ ኤድስ

medicina

ክምና

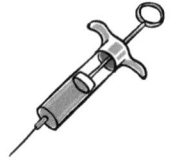

vakcinacija

ክትባት

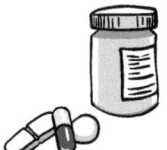

tablete

ኪኒን

pilula

ኪኒን

poziv u pomoć

አስ ኳይ የስልክ ጥሪ

uređaj za mjerenje tlaka

ም ግፊት መቆጣጠሪያ

bolesno / zdravo

መም/ ጤንነት

hitni slučaj

ድንገተኛ

pomoć!

እርዳታ!

alarm

ማንቂያ ደዉል

nasrtaj

ጥቃት

napad

ድብደባ

opasnost

አደጋ

izlaz za nuždu

የድንገተኛ መዉጫ

požar!

እሳት!

vatrogasni aparat

እሳት ማጥፊያ

nezgoda

አደጋ

kofer prve pomoći

የመጀመሪያ እርዳታ መድሃኒት መያዣ

sos

ነፍስ አድን

policija

ፖሊስ

Europa

አዉሮፓ

sjeverna amerika

ሰሜን አሜሪካ

južna amerika

ደቡብ አሜሪካ

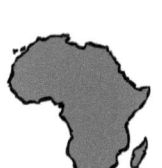

Afrika

አፍሪካ

Azija

እስያ

Australija

አዉስትራሊያ

Atlantik

አትላንቲክ

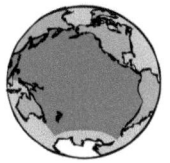

Pacifik

ፓስፊክ

ocean

የህንድ ዉቅያኖስ

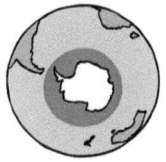

antarktički ocean

አንታርክቲክ ዉቅያኖስ

arktički ocean

አርክቲክ ዉቅያኖስ

sjeverni pol

ሰሜን ዋልታ

južni pol

ደቡብ ዋልታ

Antarktik

አንታርክቲካ

zemlja

ምድር

zemlja

መሬት

more

ባህር

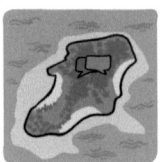

otok

ደሴት

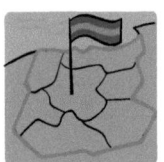

nacija

አገርና ህዝብ

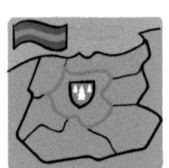

država

መን ስት

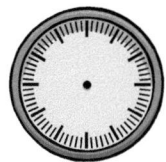

sat
ሰዓት

brojčanik sata

የሰዓት ገፅታ

satna kazaljka

ሰዓት

minutna kazaljka

ደቂቃ

sekundna kazaljka

ሴኮንድ

Koliko je sati?

ስንት ሰዓት ነው?

dan

ቀን

vrijeme

ጊዜ

sada

አሁን

digitalni sat

የቁጥር ሰዐት

minuta

ደቂቃ

sat

ሰዓታት

tjedan

ሳምንት

ponedjeljak
ሰኞ
MO
utorak
ማክሰኞ
TU
srijeda
ረቡዕ
W
četvrtak
ሐሙስ
TH
petak
FR
subota
ቅዳሜ
SA
nedjelja
እሁድ
SO

jučer

ትላንት

danas

ዛሬ

sutra

ነገ

jutro

ማለዳ

podne

ቀትር

večer

ምሽት

radni dani

የስራ ቀናት

vikend

የዕረፍት ቀናት

kiša
ዝናብ
duga
ቀስተ ዳመና
vj
snijeg
ጥጥ የሚመስል አመዳይ
በረዶ
proljeće
ፀደይ
ljeto
በጋ
jesen
መኸር
zima
ክረምት

4.APRIL 11°
5.APRIL 4°
6.APRIL 13°
7.APRIL 8°
8.APRIL 10°

meteorološka prognoza

የአየር ሁኔታ ትንበያ

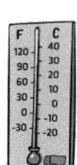

termometar

የሙቀት መለኪያ

sunčana svjetlost

የፀሀይ ሙቀት

oblak

ደመና

magla

ጭጋግ

vlažnost zraka

እርጥበታማነት

munja

መብረቅ

grmljavina

ነጎድጓድ

oluja

አዉሎ ንፋስ

tuča

የበረዶ ዝናብ

monsun

አዉሎ ንፋስ

poplava

ጎርፍ

led

በረዶ

siječanj

ጥር

veljača

የካቲት

ožujak

መጋቢት

travanj

ሚያዚያ

svibanj

ግንቦት

lipanj

ሰኔ

srpanj

ሐምሌ

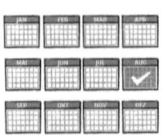

kolovoz

ነሀሴ

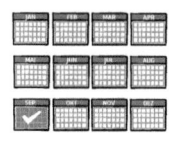

rujan

መስከረም

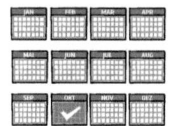

listopad

ጥቅምት

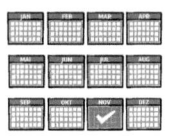

studeni

ህዳር

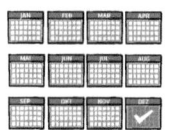

prosinac

ታህሳስ

oblici

ርፆች

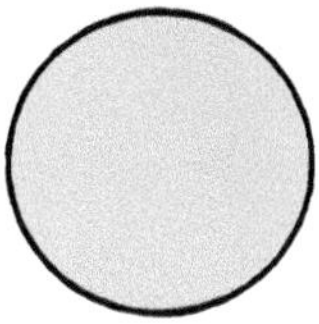

krug

ክብ

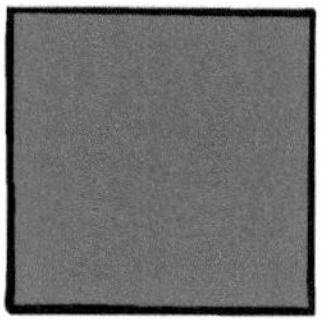

kvadrat

አራት ማዕዘን

pravokutnik

አራት ቀጥተኛ ማዕዘኖች ጎኖች ያሉት ቅርፅ

trokut

ሶስት ማዕዘን

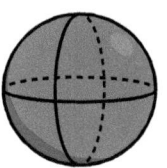

kugla

ሉል

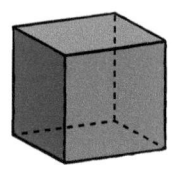

kocka

ስድስት ጎን ያለዉ ቅርፅ

boje

ቀለማት

bijela

ነጭ

žuta

ቢጫ

narančasta

ብርቱካናማ

ružičasta

ሮዝ

crvena

ቀይ

ljubičasta

ወይን ጠጅ

plava

ሰማያዊ

zelena

አረንጓዴ

smeđa

ቡኒ

siva

ግራጫ

crna

ጥቁር

mnogo / malo

ብዙ/ ጥቂት

ljutito / mirno

ንዴት/ እርጋታ

lijepo / ružno

ቆንጆ/ አስቀያሚ

početak / kraj

ጅማሬ/ ፍፃሜ

veliko / maleno

ትልቅ/ ትንሽ

svijetlo / tamno

ደማቅ/ ደብዛዛ

brat / sestra

ወንድም/ እህት

čisto / prljavo

ንፁህ/ ቆሻሻ

potpuno / nepotpuno

የተሟላ/ ያልተሟላ

dan / noć

ቀን/ ምሽት

mrtvo / živo

የሞተ/ ህያዉ

široko / usko

ሰፊ/ ጠባብ

jestivo / nejestivo

የሚበላ/ የማይበላ

zlo / dobro

ክፉ/ ደግ

uzbuđeno / dosadno

ደስተኛ/ ድብርተኛ

debelo / mršavo

ወፍራም/ ቀጭን

na početku / na kraju

መጀመርያ/ መጨረሻ

prijatelj / neprijatelj

ጓደኛ/ ጠላት

puno / prazno

ሙሉ/ ጎዶሎ

tvrdo / mekano

ጠንካራ/ ለስላሳ

teško / lagano

ከባድ/ ቀላል

glad / žeđ

ረሃብ/ ጥማት

bolesno / zdravo

ህመም/ ጤንነት

ilegalno / legalno

ህገወጥ/ ህጋዊ

pametno / glupo

ጎበዝ/ ደደብ

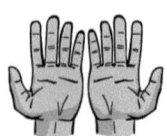

lijevo / desno

ግራ/ ቀኝ

blizu / daleko

ቅርብ/ ሩቅ

novo / rabljeno

አዲስ/ አሮጌ

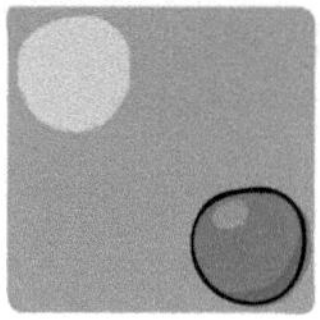

ništa / nešto

ምንም/ የሆነ ነገር

staro / mlado

ሽማግሌ/ ወጣት

uključeno / isključeno

የበራ/ የጠፋ

otvoreno / zatvoreno

ክፍት/ ዝግ

tiho / glasno

ፀጥታ/ ጫጫታ

bogato / siromašno

ሃብታም/ ደሃ

točno / pogrešno

ትክክለኛ/ የተሳሳተ

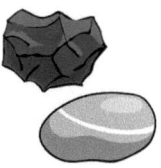

hrapavo / glatko

ሻካራ/ ለስላሳ

tužno / sretno

ሐዘን/ ደስታ

kratko / dugo

አጭር/ ረዥም

polako / brzo

ዝግተኛ/ ፈጣን

mokro / suho

እርጥብ/ ደረቅ

toplo / hladno

ሞቃት/ ቀዝቃዛ

rat / mir

ጦርነት/ ሰላም

brojevi
ቁጥሮች

0	1	2
nula ዜሮ	jedan አንድ	dva ሁለት
3	4	5
tri ሶስት	četiri አራት	pet አምስት
6	7	8
šest ስድስት	sedam ሰባት	osam ስምንት
9	10	11
devet ዘጠኝ	deset አስር	jedanaest አስራ አንድ

12

dvanaest

አስራ ሁለት

13

trinaest

አስራ ሶስት

14

četrnaest

አስራ አራት

15

petnaest

አስራ አምስት

16

šestnaest

አስራ ስድስት

17

sedamnaest

አስራ ሰባት

18

osamnaest

አስራ ሰስምንት

19

devetnaest

አስራ ዘጠኝ

20

dvadeset

ሃያ

100

stotinu

መቶ

1.000

tisuću

ሺህ

1.000.000

milijun

ሚሊዮን

jezici

ቋንቋዎች

engleski

እንግሊዝኛ

američko engleski

የአሜሪካ እንግሊዝኛ

kinesko mandarinski

የቻይና ማንዳሪን

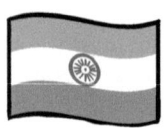

hindi

ሂንዱ

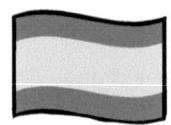

španjolski

ስፓኒሽ

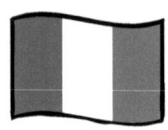

francuski

ፍሬንች

arapski

አረብኛ

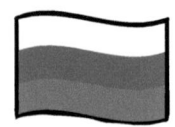

ruski

ራሺያኛ

portugalski

ፖርቹጊዝ

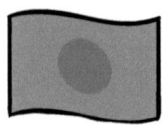

bengalski

ቤንጋሊ

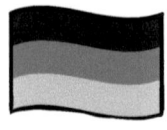

njemački

ጀርመን

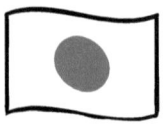

japanski

ጃፓንኛ

tko / što / kako

ማን/ ምን/ እንዴት

ja

እኔ

ti

አንተ

on / ona / ono

እሱ/ እርሷ/ እቃዉ

mi

እኛ

vi

አንተ

oni

እነርሱ

tko?

ማን?

što?

ምን?

kako?

እንዴት?

gdje?

የት?

kada?

መቼ?

HELLO, I AM

ime

ስም

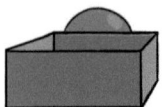

gdje

የት

iza

በስተጀርባ

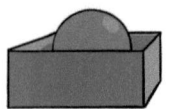

u

ዉስጥ

ispred

ከፊት ለፊት

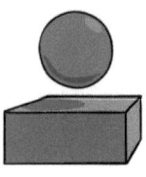

preko

ከላይ

na

ላይ

ispod

ከስር

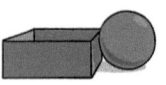

pored

አጠገብ

između

መሃከል

mjesto

ቦታ